I0026253

X

NOUVEL
ABÉCÉDAIRE

FRANÇAIS COMPLET,

INSTRUCTIF, SIMPLE, FACILE ET ALPHABÉTIQUE,

A L'USAGE DES ENFANS

De la Ville et de la Campagne,

OU LES DIFFICULTÉS DE LA LECTURE SONT GRADUÉES,
DE MANIÈRE A LES RENDRE MOINS SENSIBLES,

PAR M. DEJOUY.

BIBLIOTHÈQUE ROYALE

A COULOMMIERS,

CHEZ BRODARD, IMPRIMEUR – LIBRAIRE,

ET CHEZ L'AUTEUR, A SAINT-CYR. (S.-ET-M.)

—

1834.

23740

COULOMMIERS. — BRODARD, IMPRIMEUR-LIBRAIRE.

AVERTISSEMENT.

QUOIQU'IL y ait déjà un grand nombre d'Abé-
cédaires, j'ai cru qu'il était possible d'en faire un
plus gradué et mieux disposé : toutes les fois que
l'on espère trouver un chemin plus court et plus
aisé pour arriver à un but quelconque, il faut
s'en servir sans hésiter. C'est ce que nous avons
fait ; notre intention étant de rendre, avec le plus
de clarté possible, les premiers principes de notre langue maternelle.

Rien n'est difficile pour l'enfance comme les
élémens de la lecture ; et un livre qui lui épar-
gnerait une partie des peines qu'elle éprouve dans
cette première étude, ne serait pas un ouvrage
aussi indifférent que quelques personnes seraient
tentées de le croire.

On a imaginé de petites méthodes amusantes,
des jeux, des fiches, des cartes, on ne peut que
remercier les auteurs de ces inventions ; mais on
ne va pas loin avec cela, il faut revenir aux livres.
Tâchons donc de les faire avec tant de simplicité
qu'il ne s'y trouve rien au-dessus de l'âge auquel
ils sont destinés.

Nous avons présenté cet ouvrage sous une for-
me qui paraît mieux convenir à la mémoire des
enfans, en le divisant par leçons d'une page cha-
cune. Ainsi, il sera nécessaire de ne point faire
apprendre une leçon, avant que la précédente ne
soit bien récitée, de manière que la prononcia-
tion en soit bien distincte et bien correcte. Voici
la marche que j'ai suivie dans celui-ci.

Après avoir présenté les lettres majuscules et

minuscules, et les tableaux des syllabes principales, j'ai disposé les mots, et les petites leçons pour épeler, de manière à passer progressivement des mots les plus simples aux mots les plus difficiles; chaque leçon n'offre jamais à la fois qu'un seul genre de difficulté, et je me garde bien de laisser échapper d'avance un mot que l'enfant ne doit point connaître encore.

J'ai donné au commencement beaucoup de mots à épeler, pour mettre l'enfant à même de lire couramment.

Les petites phrases alphabétiques et autres que je donne, toutes puériles qu'elles sont, ne présentent également que des difficultés déjà éprouvées. J'ai même apporté, dans cette partie de mon travail, un soin et une attention dont on chercherait vainement des traces dans les autres livres de ce genre.

Je donne des principes pour épeler comme on lit; c'est ce qu'on doit regarder comme la pierre fondamentale.

Je prescris ensuite dans la seconde partie des règles pour lire comme on parle, parce que tel qui parle bien lit souvent mal.

Le lecteur aura recours à la table des soixante leçons dont il voudra être éclairci; il y rencontrera toutes bonnes maximes, morales et proverbes commençant par A, B, C, qui peuvent servir pour modèles d'exemples pour le gros, le moyen et le fin.

Des prières en français; plusieurs notions sur l'homme, sur le monde, et autres leçons; des questions ou demandes faciles à faire aux enfans; enfin, en parcourant cette table, l'on sera instruit de ce que contiennent les trois petits livres d'instruction à l'usage des enfans de la ville et de la campagne.

CONSEILS

A MES PETITS ENFANS.

C'est pour vous, aimables petits enfans,
que j'ai fait ce recueil, et je ne pense pas ce-
pendant, sans un peu de chagrin, à la peine
que vous aurez à prononcer quelques-unes
de ces syllabes que forment des consonnes,
et une ou plusieurs voyelles; mais je vous
engage, mes chers amis, à apporter beaucoup de courage pour vous les rendre fami-
lières; sans l'habitude de saisir au premier
coup-d'œil le son que doivent former telles
ou telles lettres réunies, vous n'aurez jamais
une lecture agréable; j'ose dire qu'elle est un
des plus précieux talens, et peut-être celui
qui est le moins porté à la perfection qu'il
mérite.

On se contente presque toujours de lire ce
que l'on appelle couramment, sans trop sa-
voir ce que signifie ce mot; car rien ne demande moins de précipitation que la lecture.

Il faut en général, pour lire avec succès,
prendre le ton de la conversation calme, et
ne le quitter que dans les mouvemens de

l'âme. Mais surtout pénétrez-vous de l'esprit de l'auteur que vous lisez; ne passez jamais une phrase sans l'entendre, et priez vos instituteurs de vous expliquer les mots que vous ne comprendriez point.

Oh! si vous saviez, mes chers amis, quel plaisir la lecture vous donnera, vous ne regretteriez point la peine que vous avez à présent : c'est la jouissance de tous les jours, de tous les âges, de tous les états.

Quel plaisir se peint dans toutes les physionomies de ceux qui écoutent! Eh bien, c'est celui que vous ferez éprouver à vos parens, à vos amis, lorsqu'ils vous entendront; et vous-mêmes, vous vous souviendrez toujours avec délices des jouissances que vous aurez goûtées par le charme de la lecture dans le sein de votre famille.

Nota. On prie les pères et mères de vouloir bien lire ces conseils à leurs jeunes enfans, ainsi que les leçons sur l'utilité du Travail, sur la Lecture, l'Écriture et l'Étude, aux pages 73, 74, etc., de la seconde série.

Alphabet en lettres capitales.

A B C D
E F G H
I J K L
M N O P
Q R S T
U V X Y Z

Alphabet en caractères romains.

a b c d e f g

h i j k l m n

o p q r s t u

v x y z æ œ

Alphabet en caractères italiques.

A a b c d e f g h i j k

l m n o p q r s t u v

w x y z æ œ etc.

Deux Alphabets romains.

A	B	C	D	E	F
a	b	c	d	e	f
G	H	I	J	K	L
g	h	i	j	k	l
M	N	O	P	Q	R
m	n	o	p	q	r
S	T	U	V	X	Y	Z
s	t	u	v	x	y	z

Deux Alphabets italiques.

A	B	C	D	E	F
a	b	c	d	e	f
G	H	I	J	K	L
g	h	i	j	k	l
M	N	O	P	Q	R
m	n	o	p	q	r
S	T	U	V	X	Y	Z
s	t	u	v	x	y	z

4

Différentes figures de lettres.

CARACTÈRE ROMAIN.		ÉCRITURE RONDE.		ÉCRITURE ANGLAISE.	
A	a	A	a	A	a
B	b	B	b	B	b
C	c	C	c	C	c
D	d	D	d	D	d
E	e	E	e	E	e
F	f	F	f	F	f
G	g	G	g	G	g
H	h	H	h	H	h
I	i	J	i	I	i
J	j	J	j	J	j
K	k	K	k	K	k
L	l	L	l	L	l
M	m	M	m	M	m

Différentes figures de lettres.

CARACTÈRE ROMAIN.		ÉCRITURE RONDE.		ÉCRITURE ANGLAISE.	
N	n	*N*	*u*	*N*	*n*
O	o	*O*	*o*	*O*	*o*
P	p	*P*	*p*	*P*	*p*
Q	q	*Q*	*q*	*Q*	*q*
R	r	*R*	*r*	*R*	*r*
S	s	*S*	*s*	*S*	*s*
T	t	*T*	*t*	*T*	*t*
U	u	*U*	*u*	*U*	*u*
V	v	*V*	*v*	*V*	*v*
W	w		*w*	*W*	*w*
X	x	*X*	*x*	*X*	*x*
Y	y	*Y*	*y*	*Y*	*y*
Z	z	*Z*	*z*	*Z*	*z*

Voyelles majuscules et minuscules.

A E I O U Y

a e i o u y

Consonnes majuscules et minuscules.

B C D F G H I K L M

N P Q R S T V X Z

b c d f g h j k l m n p q r s t v x z

Lettres liées ensemble.

æ œ ct ff fi ffi fl ffl w

a e o e c t ff fi ffi

Alphabet renversé
de minuscules.

z y x v w u t ſs a q p o n m

l k j i h g f e e d c b a A

Alphabet renversé
de majuscules.

Z Y X V U T S A

Q P O N M L K J I

H G F E D C B A

Lettres minuscules mélangées.

c e e o a v x s z r i u u m t w

l h b d k q g z p j z z v f f

Premier Tableau; sons formés d'une consonne et d'une voyelle.

A, e, é, è, i, o, u,
Ba, be, bé, bè, bi, bo, bu,
Ca, ce, cé, cè, ci, co, cu,
Da, de, dé, dè, di, do, du,
Fa, fe, fé, fè, fi, fo, fu,
Ga, ge, gé, gè, gi, go, gu,
Ha, he, hé, hè, hi, ho, hu,
Ja, je, jé, jè, ji, jo, ju,
Ka, ke, ké, kè, ki, ko, ku,
La, le, lé, lè, li, lo, lu,
Ma, me, mé, mè, mi, mo, mu,
Na, ne, né, nè, ni, no, nu,
Pa, pe, pé, pè, pi, po, pu,
Qua, que, qué, què, qui, quo, quu.

Ra, re, ré, rè, ri, ro, ru,
Sa, se, sé, sè, si, so, su,
Ta, te, té, tè, ti, to, tu,
Va, ve, vé, vè, vi, vo, vu,
Xa, xe, xé, xè, vi, xo, xu,
Za, ze, zé, zè, zi, zo, zu.

Observation.

Le maître doit apprendre la leçon à l'écolier de gauche à droite, et de droite à gauche; du haut en bas, et du bas en haut : plus encore indistinctement. Il en est de même des autres syllabes et des mots séparés.

Numération et dixaines.

1, 2, 3, 4, 5, 6, 7, 8, 9, 10;
11, 12, 13, 14, 15, 16, 17, 18, 19, 20;
10, 20, 30, 40, 50, 60, 70, 80, 90, 100;
18, 24, 36, 48, 54, 66, 72, 84, 96, 216.

Prononciation de certaines lettres.

pha phe phé phè phi pho phu

se prononcent comme s'il y avait

fa   fe   fé   fè   fi   fo   fu

gea ge gé gè gi geo geu

ja je jé jè ji jo ju

rha rhe rhé rhè rhi rho rhu

ra re ré rè ri ro ru

ça ce cé cè ci ço çu

comme

sa se sé sè si so su

tha the thé thè thi tho thu

ta te té tè ti to tu

mes tes ses ces des les es

mès tès sès cès dès lès ès

aé oé ét ai ai éa ph th rh

fait

é   é   é   é   è   a   f   t   r

Des accens.

´	Accent aigu.
`	Accent grave.
^	Accent circonflexe.
l'	Apostrophe.
••	Tréma.

Des lettres accentuées.

é aigu, comme dans
répété, révélé, vérité, témérité;
à, è, ù grave, comme dans
après, accès, frère, très, là, colère, où;
â, ê, î, ô, û circonflexe
comme dans
être, âgé, abîme, trône, forêt, flûte;
ë, ï, ü tréma comme dans
poëme, naïf, haïr, sinaï, saül;
l' apostrophe, comme dans
l'âme, l'orage, l'homme, l'or, l'air.

De la Ponctuation.

, Virgule...
; Point et virgule..
: Deux points...
. Point...
? Point d'interrogation...
! Point d'exclamation...

Signes employés dans l'imprimerie, etc.

—	Trait d'union...
ç	Cédille...
()	Parenthèses...
»	Guillemet...
§	Paragraphe...
M^r	Abréviation...
P.-S.	Post-scriptum...
¶	Pied de mouche...
☞	La main...
*	L'étoile ou l'astérique...
†	La croix...
.=.	La fin de la petite phrase.

PREMIÈRE LEÇON *de deux syllabes de deux lettres, formée du premier Tableau.*

Pa	pa	papa
Ba	ba	baba
Ca	ca	caca
Da	da	dada
Ga	ga	lala
La	la	gaga
Na	na	nana
Ra	ra	rara
Ta	ta	tata
Va	va	vava
Bé	bé	bébé
Cé	cé	cécé
Dé	dé	dédé
Té	té	tété
Xé	xé	xéxé

Deuxième Leçon *de deux syllabes, formée du premier Tableau.*

Bi bi	bibi
Fi fi	fifi
Pi pi	pipi
Li li	lili
Mi mi	mimi
Ni ni	nini
Ri ri	riri
Bo bo	bobo
Co co	coco
Do do	dodo
Lo lo	lolo
Bu bu	bubu
Ju ju	juju
Cu cu	cucu
Pu pu	pupu

Bâ ti	bâti
Bê ta	bêta
Bi fé	bifé
Bo cal	bocal
Bu re	bure
Ca pe	cape
Cé dé	cédé
Ci té	cité
Cô té	côté
Cu ré	curé
Da té	daté
Dé jà	déjà
Dî né	dîné
Do du	dodu
Du pé	dupé

QUATRIÈME Leçon *de deux syllabes, formée du premier Tableau.*

Fa ce	face
Fé al	féal
Fi ni	fini
Fo ré	foré
Fu té	futé
Ga la	gala
Gê ne	gêne
Gî te	gîte
Go be	gobe
Gu et	guet
Hâ lé	hâlé
Hé bé	hébé
Hi er	hier
Hô te	hôte
Hu ne	hune

CINQUIÈME LEÇON *de deux syllabes de deux lettres, formée du premier Tableau.*

Ja va	java
Jâ re	jâre
Je té	jeté
Ji ro	jiro
Jo li	joli
Ju ge	juge
La ve	lave
Lé té	lété
Lè ve	lève
Li ra	lira
Lo ge	loge
Lu ne	lune
Ma ge	mage
Mâ té	mâté
Mè lé	mêlé

SIXIÈME LEÇON *de deux syllabes, formée du premier Tableau.*

Mi ne	mine
Mô le	môle
Mu re	mure
Na ge	nage
Nè gre	nègre
Ni er	nier
No ce	noce
Nu ée	nuée
Pa pe	pape
Pâ me	pâme
Pè re	père
Pe lé	pelé
Pi pe	pipe
Po li	poli
Pu ni	puni

SEPIÈME LEÇON *de deux syllabes de deux lettres, formée du premier Tableau.*

Qua si	quasi
Quê te	quête
Qui ne	quine
Quo te	quote
Qu'u ne	qu'une
Râ pe	râpe
Rê ve	rêve
Ri me	rime
Ro be	robe
Ru de	rude
Sa ge	sage
Sé né	séné
Si re	sire
So le	sole
Sû re	sûre

HUITIÈME LEÇON *de deux syllabes, formée du premier Tableau.*

Ta re	tare
Tê tu	têtu
Ti ré	tiré
To ge	toge
Tu be	tube
Va let	valet
Ve lu	velu
Vi ce	vice
Vo mi	vomi
Vu la	vula
Za ra	zara
Zé ro	zéro
Zi zi	zizi
Zo ne	zone
Zu fa	zufa

NEUVIÈME LEÇON, *mots de trois syllabes de deux lettres.*

Bâ ti ra	Fa ça de
Bê ti se	Fé dé ré
Bi tu me	Fê lu re
Bo bi ne	Fi gu re
Bu ret te	Fo let te
Ca jo lé	Fu ti le
Cé du le	Ga ba re
Ce ri se	Ge nê ve
Ci ga le	Gi bi er
Co pi er	Go si er
Cu mu lé	Gu è de
Da nu be	Ha bi le
Dé bi le	Hé bê té
Di gé ré	Hi a tus
Do ci le	Ho ri on
Du re té	Hu mi de

DIXIÈME Leçon, *mots de trois syllabes.*

Jâ la ge	Na tu re
Jé ho va	Né go ce
Ji li ot	Ni vo se
Jo vi al	No vi ce
Ju bi lé	Nu mé ro
La cu ne	Pa na de
Lé gi on	Pâ ti ra
Le vu re	Pé da le
Li ti ge	Pe lo te
Lo cra tif	Pi lo ri
Lu ci de	Po ta ge
Ma la de	Pu re té
Mé na ge	Qua li té
Mi li ce	Que not te
Mo dè le	Que rel le
Mu tu el	Qui pro quo

ONZIÈME LEÇON, *mots de trois syllabes de deux lettres.*

Ra ma ge	Ti bi al
Ré gi on	To pa ze
Re bu té	Tu li pe
Ri gi de	Va ni té
Ro tu re	Vé ri té
Ru el le	Vi gi le
Sa la de	Vo lu me
Sé an ce	Vul ga te
Se con de	Xa vi er
Si mi lor	Xé ni us
Sy no de	Xi li on
So ci al	Xi phi as
Su bi te	Zé phy re
Ta pa ge	Zin zo lin
Té ti ne	Zo di on
Te nu re	Zu li no

DOUZIÈME LEÇON *de quatre syllabes de deux lettres.*

Ad mi ra tif	Co la tu re
An gé li que	Cu pi di té
Ar mu ri er	Da ri o le
Au mô ni er	Dé fi gu ré
As so ci er	Di vi ni té
Au to ri té	Do ci li té
An ti daté	Du pli ca ta
Ba di na ge	Fa ci li té
Bé né fi ce	Fé li ci té
Bi ga ra de	Fi dé li té
Bo ta ni que	Fo li ai re
Bu co li que	Fu ti li té
Ca va li er	Ga ni mè de
Cé lé ri té	Gé né ra tif
Ci vi li té	Gi be ciè re
Cy no su re	Go ya vi er

TREIZIÈME LEÇON, *mots de quatre syllabes de deux lettres.*

Gus ta ti on	Lo gi ci en
Ha bi tu de	Lu na ti que
Hé ri ta ge	Ma jo ri té
He xa go ne	Mé de ci ne
Hi la ri té	Mi no ri té
Ho mi ci de	Mo no po le
Hu mi di té	Mu si ci en
Ja ve li ne	Na ti vi té
Jé ré mi a de	Né ga ti ve
Ji be li ne	Ni ai se rie
Jo li ve té	No mi na tif
Ju da ïs me	Nu bi li té
La ti tu de	Pa no ra ma
Lé gè re té	Pâ tu ra ge
Lè che fri te	Pé le ri ne
Li mo na de	Py ra mi de

QUATORZIÈME LEÇON, *mots de quatre syllabes de deux lettres.*

Po ly go ne	To lé ra ble
Pu ri fi er	Tu li pi er
Ra ta ti né	Va li di té
Ré ci di ve	Vé ro ni que
Ri di cu le	Vi va ci té
Ro tu ri er	Vo la ti le
Ru ba ni er	Vul né rai re
Sa ga ci té	Xé ro pha ge
Sé cu ri té	Xé né la sie
Si mu la cre	Xé no crate
Sy no ny me	Xy los té um
So li di té	Zé no ni que
Su pé ri eur	Zé té ti que
Ta ci tur ne	Zi be li ne
Té mé ri té	Zo di a que
Ti mi di té	Zu li pi er

Second Tableau, syllabes formées d'une voyelle et d'une consonne.

ab	eb	éb	èb	ib	ob	ub
ac	ec	éc	èc	ic	oc	uc
ad	ed	éd	èd	id	od	ud
af	ef	éf	èf	if	of	uf
ag	eg	ég	èg	ig	og	ug
al	el	él	èl	il	ol	ul
am	em	ém	èm	im	om	um
an	en	én	èn	in	on	un
ap	ep	ép	èp	ip	op	up
aq	eq	éq	èq	iq	oq	uq
ar	er	ér	èr	ir	or	ur
as	es	és	ès	is	os	us
at	et	ét	èt	it	ot	ut
av	ev	év	èv	iv	ov	uv
ax	ex	éx	èx	ix	ox	ux
az	ez	éz	èz	iz	oz	uz

QUINZIÈME LEÇON *de deux syllabes, formée du second Tableau.*

A	A	E
a mi	ar mé	en te
a pi	ai dé	en tre
a hi	ai sé	en ter
a sie	ai lé	er sé
a na	aî né	ed da
a ga	ai gu	es sor
a bat	ar du	el le
â me	ai re	er got
â ge	an ge	en fin
â ne	au ne	en fer
â pre	ab cès	en can
a gir	ac cès	en vie
ai se	ar rêt	en voi
ai de	ar got	en jeu
ai me	ar gus	en fuir

SEIZIÈME Leçon *de deux syllabes, formée du second Tableau.*

I	O	U
i ci	o ra	u na
i la	o de	u ni
i lot	or ge	u ne
i les	or me	u sé
i vre	or ner	u rée
i ris	on de	u vée
i bis	on ce	ur bin
i dem	on ze	ur ne
i tem	on din	u nau
in né	on gle	u sure
is su	ou tré	ur sin
in dex	ou vré	us si ne
im bu	oi sif	u ni on
im pur	op ter	u su el
im pôt	oi son	u ni té.

DIX-SEPTIÈME Leçon *de trois syllabes, formée du second Tableau.*

A bo li	Ab bay e
a li bi	af fa di
a hu ri	ap pé tit
a ga cé	au ba de
a mi tié	au ber ge
a bi mé	af fu ter
ad mi ré	an nu ler
ac cu sé	au bi er
a lu ré	al cô ve
au mô ne	ap po ser
ac co ler	ap pe lér
ac co ter	ar rê ter
ab so lu	ar tè re
as si du	au da ce
am bi gu	au na ge
a bat tu	au ro re

DIX-HUITIÈME LEÇON *de trois syllabes,*
formée du second Tableau.

En le ver	I do le
em pa ler	i ma ge
em bâ ter	i ce lui
em pi re	I ta lie
em ba lé	i ro nie
er ra ta	im po lie
en ne mi	im pu ni
en fi ler	in ci vil
ef fa rer	in ci se
ex hi ber	in vi té
ex hu mer	in car né
ex po ser	in gé rer
en vo ler	im po ser
en dé ver	ir ri té
ex vo to	is ma ël
em bar go	i si on

DIX-NEUVIÈME LEÇON *de trois syllabes,* *formée du second Tableau.*

O bé ir	U sa ge
o pé ra	u su re
o va le	u si ne
o bo le	u ti le
o li ve	u ni on
o si er	u ni tif
o zi as	u ri nal
ob vi er	u ri ner
ob sé der	u ni té
on du ler	ul cè re
op po ser	u si té
oc cu pé	u san ce
os se let	u ni que
of fi ce	u nis son
or bi te	u té ri ne
or to lan	u na ni me

VINGTIÈME LEÇON *de quatre syllabes, formée du second Tableau.*

Au mô ni er	A vi di té
as so ci er	aus te ri té
ar mu ri er	al bu gi né
ad mi ra tif	a ve li ne
an gé li que	au to ma te
ac ti vi té	au ri fè re
au to ri té	an nu lai re
an ti da té	au di toi re
ad mi ra ble	al li an ce
ac cu sa ble	au di en ce
ad di ti on	au da ci eux
a ver si on	as tu ri eux
ac cé lé rer	a van ta ge
ac ca pa rer	at te la ge
at té nu er	au to cra tie
au to ri ser	au mô ne rie

VINGT - UNIÈME LEÇON *de quatre syllabes,*
formée du second Tableau.

Es pa li er	In ti tu lé
es ca la der	in ti mi té
es ca mo ter	il li mi té
en jo li ver	il lu mi né
en ra ci ner	in vé té ré
en ja ve ler	in ca mé rer
en se ve lir	im pé tu eux
en co lu re	in tré pi de
eu ro pé en	in va li de
ex cu sa ble	in do ci le
er mi ta ge	im mo bi le
em pe sa ge	in ter va le
em pi ri que	ir ri ta ble
ex pé di tif	ir ré so lu
ex ta si er	il lu si on
ex té nu er	in va si on

VingT-deuxième Leçon *de quatre syllabes,*
formée du second Tableau.

Or ga ni ser	U su ri er
oi si fi er	u ti li ser
of fi ci er	u ri nai re
oi se li er	u su rai re
oi si ve té	u re tè re
obs cé ni té	u ti li té
om bi li cal	ul té ri eur
o ri gi nal	u ni ver si té
o ri en tal	u na ni mi té
o ri gi ne	u na ni me
or ga nis te	u ni val ve
or di nai re	u ni vo que
ou ver tu re	us ten si le
om ni vo re	u sur pa teur
on to lo gie	u ni for me
oc ca si on	ul ti ma tum

VINGT-TROISIÈME LEÇON *de cinq syllabes, formée du second Tableau.*

Am bu la toi re
ad ju di ca tai re
ar ti cu lai re
at ten ti ve ment
as sou vis se ment
ar bi trai re ment
ad mi nis tra teur
am pli fi ca teur.
En dur cis se ment
ef fec ti ve ment
em pri son ne ment
em ma ga si ner
é cou vil lon ner
ex com mu ni er
é cla bous su re
é pou van ta ble.

In con so la ble
in com pa ra ble
in non da ti on
il lu mi na ti on
in cer ti tu de
im mo bi li er.
Ob ser va toi re
on du la toi re
obs ti na ti on
or ga ni sa ti on
o bé is san ce.
U na ni me ment
u ni for mé ment
u su rai re ment
u su frui ti er.
u ni for mité.

VINGT - QUATRIÈME LEÇON, *monosyllabes composées de deux et trois lettres.*

Le	je	ton	thé	vie
la	tu	bon	j'ai	lie
les	il	don	gué	mie
de	nous	dur	gré	soc
du	vous	mur	d'un	toc
des	ils	sur	dou	loc
au	dos	non	cou	duc
aux	nos	l'on	fit	suc
un	vos	pon	pis	luc
une	rot	rond	glui	buc
mon	lot	cri	cru	bec
ma	pot	ris	but	bac
mes	sot	oui	lus	lac
ton	moi	dit	air	cap
ta	toi	lui	ver	six
tes	soi	mit	mèr	dix
son	loi	pur	lit	pain
sa	foi	tur	nui	vin
ses	roi	lur	qui	fin.

VINGT-CINQUIÈME LEÇON, *mots de quatre à cinq lettres.*

Le mien	celle	rats
le tien	ceux	chat
le sien	celui-ci	gris
la mienne	celle-ci	pris
la tienne	ceux-ci	huit
la sienne	celui-là	chien
les miens	celle-là	blanc
les tiens	ceux-là	neuf
les siens	Dieu	pions
le nôtre	peut	noirs
le vôtre	tout	trois
le leur	deux	vieux
la nôtre	dieux	gueux
la vôtre	pieux	sept
la leur	saint	jours
les nôtre	louis	froids
les vôtres	mort	mois
les leurs	cinq	d'août
Celui	gros	chaud.

39

VINGT-SIXIÈME LEÇON, *monosyllabes de quatre à cinq lettres.*

Beaux	tours	tous
yeux	sourd	viens
doux	qu'un	voir
bons	vent	Paul
grains	puant	Jean
cuits	pend	roux
pluie	dent	fris
nuit	lent	gons
bien	juin	long
soie	foin	rond
trop	brin	pieds
tors	daim	nez
turc	faim	plats
plus	lien	cœur
fort	peaux	bœuf
longs	chaux	œuf
corps	maux	ciel
cours	nous	fiel
lourd	vous	miel.

Troisième Tableau, syllabes formées de deux consonnes et d'une voyelle.

Bla	blé	blè	bli	blo	blu
bra	bré	brè	bri	bro	bru
cla	clé	clè	cli	clo	clu
cra	cré	crè	cri	cro	cru
chra	chré	chrè	chri	chro	chru
dla	dlé	dlè	dli	dlo	dlu
dra	dré	drè	dri	dro	dru
fla	flé	flè	fli	flo	flu
fra	fré	frè	fri	fro	fru
gla	glé	glè	gli	glo	glu
gna	gné	gnè	gni	gno	gnu
gua	gué	guè	gui	guo	guu
pha	phé	phè	phi	pho	phu
pla	plé	plè	pli	plo	plu
pra	pré	prè	pri	pro	pru
qua	qué	què	qui	quo	quu

Suite du troisième Tableau formé de deux consonnes et d'une voyelle.

Rai	rei	roi	rau	rou	rue
spa	spé	spê	spi	spo	spu
sta	sté	stê	sti	sto	stu
tha	thé	thê	thi	tho	thu
tla	tlé	tlê	tli	tlo	tlu
tra	tré	trê	tri	tro	tru
vla	vlé	vlê	vli	vlo	vlu
vra	vré	vrê	vri	vro	vru
van	ver	vin	voi	vos	vue
xan	xai	xin	xor	xer	xau
ble	bre	cle	cre	dle	dre
fle	fre	gle	gne	gue	gre
ple	pre	que	spe	ste	sple
the	tle	tre	vle	vre	ver
ban	beu	bin	bon	bou	bun
dan	den	din	don	dou	d'un

VINGT-SEPTIÈME LEÇON, *mots de deux syllabes de trois lettres, A , B , C .*

Fan fan	A ban don
bon bon	a lar mer
jou jou	a bor der
cou cou	a bou tir
tou tou	a bon ner
lou lou	a jou ter
dra gon	bam bin
par don	blâ mer
din don	bon net
bal lon	brû ler
cor don	bre bis
pois son	che val
cou sin	cam per
voi sin	car lin
jar din	cou rir
rai sin	cor net

VINGT-HUITIÈME LEÇON, *mots de deux syllabes de trois lettres, A, B, C.*

Dra gée	Gar der
dan ser	gau fré
dor mir	gau ler
dou ter	goû ter
dar der	gla çon
des sus	gué rir
é car ter	har per
é cha las	hur ler
é bau dir	har pie
é che vin	hui ler
é chi ner	han gar
é lec tif	her ser
fra cas	i gno rer
fru gal	i nep tie
fri and	i voi res
fer rer	i vet te

VINGT-NEUVIÈME LEÇON, *mots de deux syllabes de trois lettres, A, B, C.*

Jam bes	Naî tre
jam bon	nei ger
jap per	nan kin
jeû ner	nip per
jou ter	nor mal
lai ton	nar gue
lai tue	o bli ger
lam per	o ran ger
lip pée	o rai son
loi sir	o bli que
maî tre	paî tre
mai son	par ler
mon ter	pou pée
mar bré	par don
mou ton	pou let
man ger	pas ser

TRENTIÈME LEÇON, *mots de deux syllabes de trois lettres, A, B, C.*

Qua tre	U nis son
qué rir	u sur per
quê ter	u ni que
qua trin	u ni on
rai son	u san ces
ren voi	vac cin
res ter	vau ban
rem pli	van ter
ser vir	val lée
sab bat	vel ter
s'ai mer	voi ler
sor tir	Xer cès
tom ber	xil lon
tré pas	y eu se
tri cot	y ar que
ton dre	zig zag

TRENTE-UNIÈME LEÇON, *mots en* ER *de neuf à dix lettres, A, B, C.*

A li men ter	In ti mi der
an non cer	Jour na li er
Bre lan der	Li cen ci er
bron chér	Mur mu rer
Can ton ner	Nar bon ner
ca lom ni er	Om bra ger
Dé cou ra ger	Par don ner
di mi nu er	Quit tan cer
En traî ner	Rai son ner
em prun ter	Sur mon ter
Fre don ner	Ton ne li er
foi son ner	U ni ver si té
Gri son ner	Vi nai gri er
gou ver ner	Xain ton ger
Hous si ner	Y vro gnes ser
hu mec ter	Zuy der zée

TRENTE-DEUXIÈME LEÇON, *mots en* TION *de dix à onze lettres,* A, B, C.

Ac cu sa ti on	I non da ti on
a bo li ti on	Ju ri dic ti on
Bé né dic ti on	Li qui da ti on
bi fur ca ti on	Mo dé ra ti on
Con ci li a ti on	No mi na ti on
cé lé bra ti on	Ob ser va ti on
Dam na ti on	Pré po si ti on
dis po si ti on	Qua dra ti on
Ex cu sa ti on	Ré pa ra ti on
é mu la ti on	Sa lu ta ti on
For mi ca ti on	Tra duc ti on
fon da ti on	U sur pa ti on
Gra vi ta ti on	Vac ci na ti on
gé né ra ti on	Xi lo cas tros
Hu mi li a ti on	Y ar mou thièr
her bo ri sa ti on	Zo o gra phi er

TRENTE – TROISIÈME LEÇON, *mots en* EUR *de onze à douze lettres,* *A, B, C.*

Ac cu mu la teur	Im pri meur
ad mi ra teur	Jour na li seur
Blan chis seur	La mi na teur
bien fai teur	Mo no po leur
Ca lom ni a teur	No mi na teur
con ci li a teur	Ob ser va teur
Dé non ci a teur	Pré di ca teur
dé li bé ra teur	Quo ti sa teur
Em prun teur	Ré demp teur
en chan teur	Spec ta teur
Fré quen teur	Tour men teur
fa bri ca teur	U sur pa teur
Gou ver neur	Vé ri fi ca teur
gri fon neur	Xé ro pha geur
Har mo ni teur	Yar mou theur
hu mec teur	Zy mo thec neur

TRENTE-QUATRIÈME LEÇON, *mots en* MENT *de treize à quinze lettres,* A, B, C.

A bru tis se ment

aban don né ment

Bien heu reu se ment

bom bar de ment

Com man de ment

cou ra geu se ment

Dé mem bre ment

dou lou reu se ment

En nu yeu se ment

ef fec ti ve ment

Fa bu leu se ment

for mel le ment

Gé né reu se ment

gra ci eu se ment

Hu mai ne ment

ho no ra ble ment

In té ri eu re ment

Ju di cieu se ment

La co ni que ment

Mé ri toi re ment

Né ces sai re ment

Ou tra geu se ment

Per ni ci eu se ment

Qua tri è me ment

Ré gu li è re ment

Som mai re ment

Té mé rai re ment

U na ni me ment

Vo lon tai re ment

Xé ro pha gi ens

Y pé ca cu a nhas

Zo dia que ment

TRENTE-CINQUIÈME LEÇON, *syllabes mélangées de deux et trois mots, A, B, C.*

A lar mer, a bor der	Ra con ter, res ter
Bour rer, brû ler	Sou der, sa bo ter
Cal mer, cam brer	Tom ber, tou cher
Dar der, dé ro ber	U su ri er, u sur per
E chi ner, é crou ler	Van ter, vac ci ner
For cer, fi nan cer	Xer cer, Xa vi er
Gau ler, grou per	Y voi re, y a cher
Har per, ha bi tu er	Zaï me, zi za ni er
Im po ser, in cli ner	Ai sé, ar mé, ai lé
Jar di ner, jon cher	Ba ne, bo le, bu tée
La bou rer, lam per	Cas sé, cé dé, cu ré
Ma ri ner, man ger	Da té, dîné, du pé
Nei ger, na que ter	En ter, é pée, en vi er
O ran ger, oc cu per	Fê lé, fo rer, fa ner
Pa na cher, par ler	Ga la, go be, gà guer
Quar ti er, quit ter	Ha ïr, hi er, hâ lé

TRENTE – SIXIÈME LEÇON, *petites phrases morales, par A, B, C*.*

Ai me ton pro chain	Ne man ge pas trop
Bé nit le Sei gneur	Oui, Di eu voit tout
Con tent de ton sort	Pra ti que la ver tu
Dis-nons la vé ri té	Que pen ser de toi
Ecoute la jus ti ce	Res pec te les vieux
Fuis l'in gra ti tu de	Se cours l'in di gent
Gar de ta pa ro le	Trop par ler nuit
Ho no re tes pa rens	U ne âme à sau ver
Il faut ê tre sa ge	Vous de vez m'ai mer
Jou it de la li ber té	Xi lon qui a parlé
Loue le Sei gneur	Y eu se chè ue-vert
Mé na ge tes a mis	Zi za nie, dis corde

* Cet Abécé, ainsi que les cinq ci-dessus peuvent servir pour modèles d'exemples pour une ligne, plus ou moins gros.

TRENTE-SEPTIÈME LEÇON, *petites phrases faciles pour les petits enfans.*

Mon bon pa pa

m'ai mez - vous?

vous le di tes

le di tes - vous?

je ne sais pas

je ne crois pas

u ne dra gée

u ne pou pée

un gros li vre

je vais li re

u ne i ma ge

deux i ma ges

trois i ma ges

un bon son

un pois son

un han ne ton

TRENTE-HUITIÈME LEÇON, *petites phrases faciles pour les petits enfans.*

un ar ro soir

un ré ser voir

un a bri cot

un ar ti chaut

u ne cein tu re

u ne cou ver tu re

des ca va li ers

des che va li ers

u ne de moi sel le

u ne hi ron del le

des man chet tes

des mou chet tes

des sau cis ses

des é cre vis ses

les o béis sans

les bons en fans

TRENTE-NEUVIÈME LEÇON, *petites phrases faciles pour les petits enfans.*

Mes pe tits a mis

a do rez Dieu

Dieu exis te

Dieu est bon

Dieu peut tout

Dieu voit tout

Dieu a tout fait

un pe tit oi seau

il est bien joli

je n'y tou che pas

je suis bien aise

ma chè re ma man

il est dé jà tard

il fait bien beau

la vie est cour te

ne dé ro bez rien

Quarantième Leçon.
Phrases faciles pour les petits enfans.

Ne man gez pas trop
je vous en prie
u ne bel le ro be
un to quet noir
un ru ban bleu
le feu brû le
le mou lin tour ne
les pois sons na gent
les oi seaux vo lent
les cou teaux coupent
les épin gles pi quent
les chats é gra ti gnent
les é pi nes bles sent
la ro se em baume
le char don pi que
les char bons brû lent

QUARANTE-UNIÈME LEÇON.
Petites phrases morales pour les petits enfans.

Lou ez le Sei gneur
ai mer son pa pa
ca res ser sa ma man
ho no rez vos pa rens
res pec tez les vieil lards
ai mer son pro chain
se cou rez l'in di gent
res pec tez le mal heur
ho no rez la vieil les se
ne mé pri sez per son ne
pra ti quez la ver tu
so yez doux et sa ge
so yez com plai sant
é cou tez mes con seils
il ne faut pas pleu rer
je n'ai me pas ce là

QUARANTE-DEUXIÈME LEÇON.
Petites phrases morales pour les petits enfans.

Ap pli quez-vous à l'é tu de
ne point per dre de temps
cul ti vez les sci en ces
vous par lez fort bi en
es say ez de fai re ce là
tout or gu eil est fort sot
la flat te rie est lâ che
l'hu meur rend maus sa de
a mi jus qu'à la bour se
l'in gra ti tu de est af freu se
don ner tard, c'est re fu ser
fai re beau coup, et di re peu
nul plai sir sans amer tu me
il n'est point de pe tit en ne mi
il faut que cha cun tra vail le
l'oisi ve té a mè ne tous les vi ces

QUARANTE-TROISIÈME LEÇON.
Phrases simples à syllaber.

J'ai me mon pa pa ten dre ment
je ché ris ma bon ne ma man
mon frè re est bien o bé is sant
ma sœur est très-ai ma ble
Dieu ai me les en fans do ci les
l'en fant mé chant est haï de tout
on ai me bien les en fans sa vans
on se mo que des pe tits i gno rans
le men son ge est dé tes ta ble
faites le bien et é vi tez le mal
la bon té est pré fé ra ble à tout
heu reux les mœurs et la vie pu re
la sin cé ri té plait à tout le mon de
l'en fant sa ge est la joie de son pè re
on trou ve ra re ment des gens sa ges
le temps per du ne se ré pa re ja mais
ne bat tez pas vos pe tits ca ma ra des
ren dez-vous u ti les à vos sem bla bles

QUARANTE-QUATRIÈME LEÇON.
Phrases, maximes et morales à syllaber.

C'est Dieu seul qu'il faut a do rer

Dieu lit au fond de nos cœurs

la lu miè re vient du so leil

le vez la tê te, vous ver rez le soleil

la ter re a be soin de cul tu re

ne sa lis sez pas vos ha bits

la pro pre té est l'a mie de la san té

la glou ton ne rie ô te la san té

o bé is sez à vos pè re et mè re

la pa res se est un grand dé faut

il faut sa voir man ger de tout

la plu part des en fans sont lé gers

les mé chans n'ont point d'a mis

soy ez doux, mais sans fai bles se

ne dé si rez ni gloi re ni ri ches se

de man dez la san té ; la sa ges se

6.

Quarante-cinquième Leçon.
Phrases, maximss et morales à syllaber.

C'est Dieu qui a cré é le ci el et la terre

Dieu n'ai me pas les mé chans en fans

soy ez gé né reux en vers tout le mon de

le mé chant n'est ja mais heu reux

u ne dou ce ré pon se a dou cit la colère,

ce lui-là est ri che qui ne dé si re rien

ue cou rez pas a près les hon neurs

on n'est ja mais mi eux que chez soi

fai tes tou jours quel que cho se d'u ti le

l'a mi ti é dis pa raît où l'é ga li té ces se

la bon té du cœur est pré fé ra ble à tout

qui a des bons a mis est as sez ri che

as sis tez l'in digent se lon vos fa cul tés

ne tra his sez pas le se cret de vo tre a mi

ins trui sez-vous a vant que de par ler

en fans, de mes leçons tâ chez de pro fi ter

QUARANTE-SIXIÈME LEÇON.
s entences et maximes, *A*, *B*, *C.*

A fol le de man de point de ré pon se

Bon a vo cat, sou vent mau vais voi sin

Ce lui-là est ri che qui ne dé si re rien

D'un pé ril é vi ter, le sou ve nir est doux

En tou te cho se, con si dé rez la fin

Fuy ez les dis pu tes et les que rel les

Gar dez in vio la ment vo tre pa ro le

Heu reux les mœurs et la vie pu re

Il n'y a si bon che val qui ne bron che

Jeu ne men teur, sou vent vi eux vo leur

Les bons comp tes font les bons a mis

Mon trez beau coup d'in dul gence

Ne ré veil lez pas le chien qui dort

On con naît le bien quand on l'a per du

Pé ché ca ché est à de mi par don né

Qui a de bons a mis est as sez ri che

Ren dez-vous ser vice les uns les au tres

Soy ons nous-mê mes gens de bien

Quatrième Tableau. Monosyllabes composées de consonnes et de voyelles.

Blai bloi blanc blond bleu blou

Brai broi breu brou bons brau

Bail beils beins bonds brun burs

Clai cloi clau clou clair cher

Crain creux cens cors cloud cieux

Dais dard dens dons dans deux

Drai droi drau drou doux dreu

Flai floi fleu flou fond fort

Fans fars fins front frocs frit

Grand gard grils gins gous grec

Grain gain gland gras gris gros

Haut hors heurs hous hail houx

J'ai j'eus juin juif jonc joug

L'air lien loix lens loin long

Suite du quatrième Tableau.

Mais mens mort mars mets muits

Mains mail mieux murs mins marc

Nais nord noirs nues nerf nuit

Prat proi preu prau peur pous

Paix pens pied prend près poix

Quand quel qu'un quoi qu'on qu'il

Rais reins rang rons roux rien

Sain sœur sins sang sauf saint

Tant trou turc tours trop tout

Vrai vois vens vins vers vues

Veau veux vous vieux voit vingt

Aux ail arc ait air ans

Eaux eut eux est ers eurs

Ils ions ies ian iene ieux

Ouan ouin œil ois œuf ouïr

Uan uir uit uel uées uns

QUARANTE-SEPTIÈME LEÇON.
Des nombres distributifs.

Un à un
deux à deux
trois à trois
qua tre à qua tre
cinq à cinq
six à six
un quart d'é cu
un quart d'heu re
un quar ti er de lu ne
un quar ti er de veau
un quar te ron d'œufs
un quar te ron de poi res
u ne de mi - bot te de foin
u ne de mi - bou teil le de vin
u ne de mi - li vre de beur re
u ne de mi-li vre de chan del le
un tiers et de mi de ru ban
un tiers d'au ne de drap bleu

QUARANTE-HUITIÈME LEÇON.
Des nombres collectifs.

U ne cou ple

u ne pai re

u ne hui tai ne

u ne neu vai ne

u ne dixai ne

u ne dou zai ne

u ne quin zai ne

u ne ving tai ne

u ne tren tai ne

u ne qua ran tai ne

u ne cin quan tai ne

u ne cen tai ne

u ne cou ple d'é cus

u ne cou ple d'œufs

u ne cou ple de jours

u ne pai re de sa bots

u ne pai re de sou li ers

u ne pai re de gants blancs

QUARANTE-NEUVIÈME LEÇON.
Des nombres cardinaux.

Un ou une . . .	1	Vingt-un.	21
Deux	2	Vingt-deux. . . .	22
Trois	3	Vingt-trois. . . .	23
Quatre	4	Vingt-quatre . .	24
Cinq	5	Vingt-cinq. . . .	25
Six	6	Vingt-six	26
Sept.	7	Vingt-sept. . . .	27
Huit.	8	Vingt-huit. . . .	28
Neuf	9	Vingt-neuf. . . .	29
Dix.	10	Trente	30
Onze.	11	Quarante. . . .	40
Douze.	12	Cinquante. . . .	50
Treize.	13	Soixante.	60
Quatorze	14	Soixante-dix. . .	70
Quinze	15	Quatre-vingt. .	80
Seize	16	Quatre-vingt-dix	90
Dix-sept.	17	Cent.	100
Dix-huit.	18	Cent dix. . . .	110
Dix-neuf.	19	Cent vingt. . .	120
Vingt.	20	Deux cents. . .	200

CINQUANTE-UNIÈME LEÇON. *Noms et cris des animaux.*

Le chi en aboie.... Ou, ou, oup ;
A gueu le et pat tes.

Le co chon grogne... Grou, grou, grou ;
A mu seau et pieds.

Le che val hen nit... Hi, hi, hi ;
A bou che et jam bes.

Le tau reau beu gle... Beu, beu, beu ;
A bou che et pieds.

Le chat mi au le... Mi a o, mi a o ;
A bou ches et pat tes.

L'a gneau bê le... Bai, bai, bai ;
A bou che et pat tes

Le li on ru git... Ou un, ou un ;
A bou che et pat tes.

Le loup hur le... Hu, hu, hu ;
A bou che et pat tes.

Le coq chan te... Quo co ri quou, quo co
ri quou. A bec et pat tes.

Suite des noms et cris des animaux.

Le cor beau cro as se... Cou a que, cou a que; A bec et pat tes.

La gre nouil le co as se... Oua cua que; A bou che et pat tes.

Le pi geon rou cou le... Quo rou cou cou; A bec et pat tes.

La pou le glous se... Cloq cloq quo te co det te; A bec et pat te.

Le ros si gnol ra ma ge; A bec, ailes et pat tes.

La tour te rel le gé mit; A bec, ailes et pat tes.

Le moi neau pé pie; A bec, ailes et pat tes.

La pie ba bil le; A bec, plu mes, ai les et pat tes.

L'hom me par le, sif fle et chante; A bou che, pieds et mains.

CINQUANTE-DEUXIÈME LEÇON. *Division des mois et des quatre saisons de l'année.*

On divise le mois en quatre semaines. Chaque semaine est composée de sept jours, que l'on nomme :

Lundi, Mardi, Mercredi, Jeudi, Vendredi, Samedi, Dimanche.

Les douze mois de l'année sont :

Janvier, Février, Mars, Avril, Mai, Juin, Juillet, Août, Septembre, Octobre, Novembre et Décembre.

Le premier, le huit, le quinze, le vingt-deux et le vingt-neuf du mois, seront le même jour.

Les quatre saisons de l'année, sont :

Le Printemps, l'Été, l'Automne et l'Hiver. Le Printemps commence au 21 Mars; l'Été au 22 Juin; l'Automne au 23 Septembre, et l'Hiver au 23 Décembre.

CINQUANTE-TROISIÈME Leçon. *Les douze divisions du temps.*

Un siècle est de cent ans.

Un demi-siècle est de cinquante ans.

Une indiction est de quinze ans.

Un lustre est de cinq ans.

Une olympiade est de quatre ans.

Un an est de douze mois, ou de cinquante-deux semaines pour l'année, ou de trois cent soixante-cinq jours, six heures, pour l'année.

Un jour et une nuit sont de vingt-quatre heures.

Une heure est de soixante minutes.

Une minute est de soixante secondes.

Les mois sont de trente et de trente-un jours, ou de sept cent vingt heures pour le mois.

Le commencement et la fin du jour se nomment l'Aurore et le Crépuscule. L'Aurore précède le lever du Soleil, et le Crépuscule suit son coucher.

On compte cinquante-huit siècles depuis que le monde existe.

CINQUANTE-QUATRIÈME LEÇON.
Phrases à syllaber.

Je suis vo tre ma man, vous de vez donc fai re ce que je vous dis.

Si vo tre pa pa vous or don ne quel que cho se, fai tes-le bien vi te.

Je vous a chè te rai un li vre si vous vou lez ap pren dre à li re.

Vou lez-vous li re dans ce li vre, mon pe tit a mi ?

Mon pe tit gar çon ai me à jou er, mais il doit aus si ai mer à li re.

Je se rais bien fâ chée que mon fils ne sût pas li re.

Si vous ne tâ chez pas de bien é pe ler, vous ne sau rez ja mais li re, et vous se rez un i gno rant.

Les i gno rans par leur fau te sont tou jours mé pri sés.

Quand vous au rez bi en lu, on vous don ne ra des bon bons.

Cinquante-cinquième Leçon.
Phrases plus longues.

Pa pa va me don ner les jo lis pe tits jou joux qu'il m'a pro mis, parce que je lis dé jà des syl la bes et des mots.

Je ne suis ja mais si con tent, que lors que j'ai bien lu ma le çon.

Il me sem ble a lors que je suis plus ai mé de mon pa pa, de ma man et de tout le mon de.

Je joue de meil leur cœur, et j'ai beau coup plus de plai sir que les au tres jours.

Quand je rem plis mal mes de voirs, on me gron de; je pleu re ou je bou de, et gar de ma man vai se hu meur.

Mais on a bien du plai sir, quand on sait li re; on s'a mu se beau coup en li sant de jo lis con tes, de bel les his toi res, de bon nes actions; on de vi ent sa vant.

Cinquante-sixième Leçon.
Petites phrases à lire.

Il n'y a qu'un seul Dieu qui gouverne le ciel et la terre.

Ce Dieu récompense les bons et punit les méchans.

Les enfans qui ne sont pas obéissans, ne sont pas aimés de Dieu, ni de leurs papa et maman.

Un enfant babillard et rapporteur est toujours rebuté par tous ses camarades.

On aime les enfans dociles; on leur promet des récompenses.

Un enfant doit être honnête et poli envers tout le monde.

Il n'est permis de rester à rien faire, que lorsqu'on n'a plus rien à apprendre.

Celui qui ne veut point travailler, ne doit point manger.

CINQUANTE-SEPTIÈME LEÇON.
Petites phrases à lire.

La terre nourrit une multitude d'animaux de toute sorte.

Les moutons ont quatre jambes; ils marchent; la laine croît sur les moutons : tous les ans on la coupe.

Les limaçons se renferment dans leurs coquilles; ils rampent sur terre.

Les carpes n'ont ni jambes ni ailes; elles ont des nageoires, et vivent dans l'eau.

L'éléphant est la plus grande bête à quatre pieds, et la souris une des plus petites.

Les oiseaux ont deux pattes et deux ailes; ils volent dans les airs; ils s'abattent sur les arbres ou sur la terre.

Les moineaux font des nids dans lesquels ils pondent des œufs, dont il en sort de tout petits oiseaux bien jolis.

CINQUANTE-HUITIÈME LEÇON.
Petites phrases à lire.

Les quatre Élémens qui composent notre globe, sont : la Terre, le Feu, l'Eau et l'Air.

Sans l'air l'homme ne peut respirer.

Sans la terre l'homme ne peut manger.

Sans eau l'homme ne peut boire.

Sans feu l'homme ne peut se chauffer.

La réunion de ces quatre Élémens est donc nécessaire à l'homme pour vivre.

C'est l'air qui produit les vents, qui cause les orages, les tempêtes, et qui est la source de mille phénomènes qui arrivent journellement dans l'atmosphère.

CINQUANTE-NEUVIÈME LEÇON.
Petites phrases à lire.

C'est dans l'eau, c'est-à-dire dans la mer, les fleuves, les rivières et les ruisseaux qu'on pêche cette quantité prodigieuse de poissons de toute grandeur et de toute grosseur, qui servent d'alimens à l'homme.

C'est le feu qui échauffe la terre, qui anime et qui vivifie toute la nature. C'est le feu qui nous éclaire dans les ténèbres.

C'est la terre qui produit toutes les substances végétales dont l'homme se nourrit, ainsi que les animaux qui la couvrent ; c'est au fond de la terre qu'on trouve le marbre , l'or, l'argent, le fer, le cuivre, le plomb, et tous les autres métaux.

PRIÈRES EN FRANÇAIS,

QU'IL FAUT SAVOIR.

Le signe de la Croix.

Au nom du Père, et du Fils, et du Saint Esprit. Ainsi soit-il.

La Bénédiction de la Table.

Que la main de Jésus-Christ nous bénisse, nous, et la nourriture que nous allons prendre. Ainsi soit-il.

Prière après le repas.

Louange à Dieu, paix aux vivans, et repos aux morts; et vous, ô Seigneur! ayez pitié de nous. Rendons grâce à Dieu.

Les Grâces.

Nous vous rendons grâces de tous vos bienfaits, ô Dieu, Roi tout puissant qui vivez et régnez dans tous les siècles des siècles. Ainsi soit-il.

Invocation avant les actions.

O Dieu, venez à notre aide; Seigneur, hâtez-vous de nous secourir. Gloire soit au Père, au Fils, et au saint Esprit, à présent et toujours comme dès le commencement, et dans tous les siècles des siècles. Ainsi soit-il.

Prière quand on se lève.

Seigneur, daignez en ce jour me garder de tout péché. Ayez pitié de moi, Seigneur, ayez pitié de moi. Répandez sur moi votre miséricorde et votre grâce, selon l'espérance que j'ai mise en vous. Seigneur, écoutez ma prière, et que ma voix s'élève jusqu'à vous.

Prière quand on se couche.

Que le Seigneur tout-puissant et tout miséricordieux me donne une nuit tranquille et une fin bien heureuse. Ainsi soit-il.

Avant que de commencer ses études.

Sainte Vierge, obtenez-moi la grâce de bien apprendre à lire, pour la gloire de Dieu et pour mon salut. Ainsi soit-il.

Avant que l'on commence son travail.

Mon Dieu, je vous offre le travail que je veux faire pour l'amour de vous; donnez-y, s'il vous plaît, votre bénédiction. Ainsi soit-il.

Quand l'heure sonne.

Daignez, Seigneur, répandre à toute heure votre miséricorde sur moi, suivant l'espérance que j'ai mise en vous. Ainsi soit-il.

Mettons-nous en la présence de Dieu.

Grand Dieu, qui remplissez le ciel et la terre, je crois fermement que vous êtes ici présent, et que vous écoutez mes prières. Ainsi soit-il.

Prière pour le Roi et la famille Royale.

Seigneur, sauvez le Roi, et bénissez la famille royale. Conservez la maison de votre serviteur, et faites que ses enfans soient imitateurs de sa foi et de son zèle, afin que nous soyons heureux sous leur sage gouvernement. Exaucez nos prières au nom et par les mérites de Jésus-Christ notre Seigneur. Ainsi soit-il.

Offrande du cœur.

Dieu tout puissant, qui nous avez créés à votre image, et qui nous avez fait capables de vous aimer et de vous posséder éternellement, nous vous adorons en toute humilité, comme le souverain Seigneur de toutes choses. Nous espérons en vous, parce que vous êtes bon. Nous vous aimons de tout notre cœur, parce que vous êtes souverainement aimable.

Prière pour les Vivans.

Répandez, Seigneur, vos bénédictions sur mes parens, mes bienfaiteurs, mes amis, mes ennemis. Protégez tous ceux que vous m'avez donnés pour maîtres, tant spirituels que temporels. Secourez les pauvres prisonniers, les affligés, les voyageurs, les militaires, les malades et les agonisans. Seigneur, envoyez-leur assistance de votre sanctuaire. Ainsi soit-il.

Prière pour les Morts.

Que les âmes des fidèles reposent en paix, par la miséricorde de Dieu. Seigneur, donnez-leur le repos éternel, et que votre lumière les éclaire éternellement. Ainsi soit-il.

Demandons l'assistance du saint Esprit.

Esprit saint, venez en nous; éclairez nos âmes de vos lumières, et embrâsez nos cœurs de votre divin amour. Ainsi soit-il.

L'Oraison dominicale.

Notre Père, qui êtes dans les cieux, que votre nom soit sanctifié, que votre règne arrive, que votre volonté soit faite en la terre comme au ciel; donnez-nous aujourd'hui notre pain de chaque jour; pardonnez-nous nos offenses, comme nous pardonnons à ceux qui nous ont offensés, et ne nous laissez point succomber à la tentation; mais délivrez-nous du mal. Ainsi soit-il.

La Salutation angélique.

Je vous salue, Marie, pleine de grâce, le Seigneur est avec vous. Vous êtes bénie entre toutes les femmes, et Jésus, le fruit de vos entrailles est béni. Sainte Marie, mère de Dieu, priez pour nous, pauvres pécheurs, maintenant et à l'heure de notre mort. Ainsi soit-il.

Le Symbole des Apôtres.

Je crois en Dieu, le Père tout-puissant, le Créateur du ciel et de la terre, et en Jésus-Christ, son fils unique, notre Seigneur, qui a été conçu du saint Esprit, est né de la Vierge Marie, a souffert sous Ponce Pilate; a été crucifié; est mort, et a été enseveli; est descendu aux enfers; le troisième jour est ressuscité des morts; est monté au cieux; est assis à la droite de Dieu, le Père tout-puissant, d'où il viendra juger les vivans et les morts.

Je crois au saint Esprit, la sainte Église catholique, la communion des saints, la rémission des péchés, la résurrection de la chair, la vie éternelle. Ainsi soit-il.

La Confession des Péchés.

Je me confesse à Dieu tout-puissant, à la bienheureuse Marie, toujours vierge, à saint Michel Archange, à saint Jean-Baptiste, aux apôtres saint Pierre et saint Paul, et à tous les saints, parce que j'ai grandement péché, par pensées, par paroles et par actions : c'est ma faute, c'est ma faute, et ma très-grande faute. C'est

Suite de la Confession des Péchés.

pourquoi je prie la bienheureuse Marie, toujours vierge, saint Michel Archange, saint Jean-Baptiste, les apôtres saint Pierre et saint Paul et tous les saints, de prier pour moi le seigneur notre Dieu.

Que Dieu tout-puissant nous fasse miséricorde, et que nous ayant pardonné nos péchés, il nous conduise à la vie éternelle. Ainsi soit-il.

Que le Seigneur tout-puissant et miséricordieux nous accorde le pardon, l'absolution, et la rémission de tous nos péchés. Ainsi soit-il.

Prière pour l'Angelus.

(1) L'Ange du Seigneur annonça à Marie
L'incarnation du Verbe,
Et elle conçut du saint Esprit.
Je vous salue, Marie, etc.

(2) Voici la servante du Seigneur;
Qu'il me soit fait selon votre parole.
Je vous salue, Marie, etc.

(3) Et le Verbe s'est fait chair;
Et il a habité parmi nous.
Je vous salue, Marie, etc.

Suite de la Prière pour l'Angélus.

V. Priez pour nous, mon Dieu,
R. Afin que nous devenions dignes des
biens promis par Jésus-Christ.

Prions.

Répandez, Seigneur, nous vous en supplions, votre grâce dans nos cœurs, afin que par le mérite de la Passion et de la Croix de Jésus-Christ, votre fils, dont nous avons connu l'Incarnation par les paroles de l'Ange, nous parvenions à la gloire de la Résurrection. Par Notre-Seigneur Jésus-Christ. Ainsi soit-il.

Les dix Commandemens de Dieu.

1er Un seul Dieu tu adoreras,
    Et aimeras parfaitement;
2me Dieu en vain tu ne jureras.
    Ni autre chose pareillement;
3me Les dimanches tu garderas,
    En servant Dieu dévotement;
4me Tes père et mère honoreras,
    Afin de vivre longuement;
5me Homicide point ne seras,
    De fait ni volontairement;

Suite des dix Commandemens de Dieu.

6me Luxurieux point ne seras,
    De corps ni de consentement;
7me Le bien d'autrui tu ne prendras,
    Ni retiendras à ton escient;
8me Faux témoignage ne diras,
    Ni mentiras aucunement;
9me L'œuvre de chair ne désireras,
    Qu'en mariage seulement;
10me Biens d'autrui ne convoiteras,
    Pour les avoir injustement.

Les six Commandemens de l'Église.

1er Les Fêtes tu sanctifieras,
    Qui te sont de commandement;
2me Les Dimanches Messe entendras,
    Et les Fêtes pareillement,
3me Tous tes péchés confesseras,
    A tout le moins une fois l'an;
4me Ton Créateur tu recevras,
    Au moins à Pâques humblement;
5me Quatre-Temps, Vigiles, jeûneras,
    Et le Carême entièrement;
6me Vendredi chair ne mangeras,
    Ni le samedi mêmement.

Les Commandemens de Charité.

Aimer le Seigneur son Dieu de tout son cœur, de toutes ses forces, de toute son âme et de tout son entendement, et son prochain comme soi-même.

Acte de Foi.

Mon Dieu, je crois fermement tout ce que vous avez dit, et tout ce que vous nous enseignez par votre sainte Église, parce que vous êtes souverainement véritable dans vos paroles.

Acte d'Espérance.

Mon Dieu, j'espère fermement de votre miséricorde infinie et de votre fidélité dans vos promesses, que par les mérites de Jésus-Christ, mon sauveur, vous m'accorderez la gloire du ciel et les moyens nécessaires pour y parvenir.

Acte d'amour de Dieu.

Mon Dieu, je vous aime de tout mon cœur et par-dessus toutes choses, parce que vous êtes infiniment bon et infiniment aimable ; j'aime mon prochain comme moi-même pour l'amour de vous.

Acte de Contrition.

Mon Dieu ! j'ai une extrême douleur de vous avoir offensé, parce que vous êtes infiniment bon, infiniment aimable, et que le péché vous déplaît ; je fais un ferme propos, moyennant votre sainte grâce, de ne plus le commettre à l'avenir, et d'en faire pénitence au plus tôt.

Acte de toutes les heures.

A cette heure, à toutes heures, que le bon Jésus soit dans mon cœur ; mon Dieu, je vous aime, je vous adore et vous donne mon cœur : prenez-moi sous votre sainte protection, me donnez votre sainte bénédiction, votre saint Esprit pour me bien conduire, et à la fin me donnez votre saint Paradis. Ainsi soit-il.

Offrons toutes nos actions à Dieu.

Mon Dieu, je remets mon âme entre vos mains, préservez-la de tout péché pendant cette nuit et pendant tout le reste de ma vie ; bénissez-mon enfance, et faites-moi croître en sagesse comme en âge ; et faites aussi que toutes mes pensées, mes paroles et mes actions, étant conduites par votre grâce, ne tendent qu'à l'accomplissement de votre sainte loi et à mon éducation. Ainsi soit-il.

Conservez la santé à mon papa, à maman et à toute ma famille, et préservez-les, ainsi que moi, de tout danger; je vous le demande par Notre Seigneur Jésus-Christ, qui vit et règne avec vous en l'unité du saint Esprit, dans tous les siècles des siècles. Ainsi soit-il.

Sainte Vierge Marie, mère de Dieu, priez pour nous. Saints Anges gardiens, veillez autour de nous. Saints et saintes, intercédez et priez pour nous.

Que la bénédiction du tout-puissant le Père, le Fils et le saint Esprit, descende sur nous, et qu'elle y demeure toujours. Ainsi soit-il.

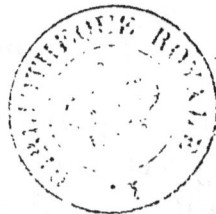

FIN.

IMPRIMERIE DE BRODARD, LIBRAIRE A COULOMMIERS.

IMPRIMERIE DE BRODARD, LIBRAIRE A COULOMMIERS.

www.ingramcontent.com/pod-product-compliance
Lightning Source LLC
Chambersburg PA
CBHW070854280326
41934CB00008B/1432